lightwall Zidul de lumină
poems by LILIANA URSU

translated from the Romanian
by SEAN COTTER

Zephyr Press | Brookline, Mass.

Cover photograph by Mihnea-Dan Micu
Book design by *typeslowly*
Printed by Cushing-Malloy, Inc. on Glatfelter Natures Recycled paper

Several of these poems have previously appeared in *Zoland Poetry*, *Lyric*, and *Visions International*.

The translator is grateful to the Romanian Cultural Institute for a grant to complete the manuscript.

This publication is supported by the Translation and Publication Support Program of the Romanian Cultural Institute. Zephyr Press also acknowledges with gratitude the financial support of The National Endowment for the Arts and the Massachusetts Cultural Council.

ROMANIAN CULTURAL INSTITUTE

massculturalcouncil.org

NATIONAL ENDOWMENT FOR THE ARTS

Zephyr Press, a non-profit arts and education 501(c)(3) organization, publishes literary titles that foster a deeper understanding of cultures and languages. Zephyr books are distributed to the trade in the U.S. and Canada by Consortium Book Sales and Distribution [www.cbsd.com] and by Small Press Distribution [www.spdbooks.org].

Library of Congress Cataloging-in-Publication Data:

Ursu, Liliana, 1949-
[Poems. English & Romanian. Selections]
Lightwall = Zidul de lumina / Liliana Ursu ; translated from the Romanian by Sean Cotter.
   p. cm.
ISBN 978-0-9815521-2-5 (alk. paper)
  1. Ursu, Liliana, 1949---Translations into English. I. Cotter, Sean, 1971- II. Title. III. Title: Zidul de lumina.
PC840.31.R82A2 2009
859'.134--dc22

                        2009004089

ZEPHYR PRESS 50 Kenwood Street / Brookline, Mass. 02446
www.zephyrpress.org

lightwall Zidul de lumină

TABLE OF CONTENTS

One Hundred Days, One Hundred Nights in Lewisburg

Ovid Returns to Rome

Balkan Golgotha

TRANSLATING A MOVING TARGET

In the center of Bucharest, Liliana Ursu and I stood on a balcony, overlooking a courtyard framed by five apartment buildings. The yard contained park benches, clotheslines, two garbage dumpsters, and rows of poplar trees jetting up from the pavement. This refuge was stunningly quiet, just the other side of a building from the horns and diesel fumes of traffic on Magheru Boulevard, and it was thick with sunlight. Liliana pointed out a wide casement built into the ground, *zidul de lumină*, an angled bed of concrete that reflected sunlight into the basement apartments. Watching the light ricochet into the windows, Liliana found the title for her new collection, and I responded with its English translation, *Lightwall*. Tomaž Šalamun has called her "a dancer, an architect of light." How fitting that this volume should be named for an architectural feature that makes light dance. "Lightwall" evokes many features of Liliana's poetry: imagery that turns at surprising angles, a vision that reaches into unexpected places, and a generosity of spirit that extends to those who live where light would not normally reach. Zigzagging light also matches my experience working with these poems: the story of the book's translation is a story of lines that dance like light.

Liliana is one of Romania's best examples of "the new internationalism," as Andrew Wachtel has called the phenomenon: she is a poet who explores Romania's new relationship with Europe and the United States. Romania's abrupt political changes at the end of 1989 resulted in surprising turns in the course of Liliana's biography, changes that she was uniquely prepared to examine. Already an established poet during the Communist period, Liliana has spent the past two decades in communion with American poets, through the Fulbright program and poetry residencies. Her poems take up both American and Romanian topics, puzzling out connections that the countries themselves are in the process of creating.

Nowhere is this puzzle clearer than in the poem, "Waiting for Hurricane Isabella to Pass," which moves between the strangeness of her new home in Lewisburg, Pennsylvania and its unexpected evocations of her childhood. The poem ends with a scene of the contemporary renovation of Romania, the destruction of the old train bridge she knew as a girl. Liliana rebuilds the bridge within her poem, alongside the American bridge she can see span the Susquehanna, creating an image of parallel travel in the United States and Romania.

This volume's organization extends her international concerns to spiritual questions. A section inspired by her time at Bucknell in Lewisburg complements a section on the spiritual trials of the Balkans. They pivot around a cycle of poems dedicated to the sufferings of Ovid, who died an exile in Tomis (today the Black Sea port of Constanța in Romania). Through this middle section, Liliana keeps her reader aware of the pains of those who cannot travel, not for political but for economic reasons. Such is her generosity. As Liliana's poetry has evolved in the past decades, it has become more religious. This is due not only to the fact that religious poetry is no longer censored, but also to Liliana's greater awareness of her region's spiritual sufferings, an area where religion has led as much to bloodshed as to succor. "Balkan" comes from the Turkish word for "mountain," and its spiritual struggles suffuse the book's last section, "Balkan Golgotha." Likewise, the last poem elaborates the spiritual meaning of the book's title. The image of the Mother of God transforms Balkan cement casements into lightwalls of another kind.

Internationalism also characterizes the history of this publication: these poems will appear as a book in English before they do in Romanian. I worked with Liliana on the collection's organization and, occasionally, its creation. One October, Liliana visited me in Ann Arbor, Michigan. We went downtown not long after the school-day had ended, and we watched as children in costumes filled the sidewalks, led by parents, also in costume. We sat in a café and lost ourselves in the books we had purchased.

When I came up for air, I saw that Liliana was writing a poem, what would become "Before Halloween." The poem is important to me, not just because I had first-hand experience of the objects and people described, but because in spite of that experience, I still find it surprising. Part of the surprise comes from the line in Romanian, "*Ce grădini de femei,*" an idiom that describes kind, generous women. The poem itself meditates on the difficulty of translation, so leaving the line untranslated serves as a reminder that the speaker lives in more than one world, both the playful paganisms of the United States and the Romanian "gardens of women."

Working with Liliana, then, gives me the opportunity to work not only with a living poet, but with a living poem. While we went over the manuscript of the translation—in her Bucharest living room, surrounded by books of poetry in four languages, a window over the cherry tree in her garden, and, above all, row after row of icons—we revised both the translations and the originals. Several of my first drafts have a note to "use other," to write the next draft from the new original. Liliana has said that translation is a way of testing the quality of the Romanian, like biting a coin to see if the gold is real. Some of the changes were relatively minor. Originally, the quotation from *Lives of the Monks* came at the beginning of "From the Lives of the Birds," not the end, and "Halloween" was initially untitled in Romanian. I have left the translation titled "Before Halloween," rather than match the new Romanian version, in part because the meta-narrative is apt: the title of the translation did come "before 'Halloween,'" the title of the original. Liliana wrote the translation's title over my first draft, in pencil.

Other changes were more dramatic. As we assembled the poems into a book, we made changes as suggested by the juxtapositions. The first draft of "What Remains" had an extra stanza: "Between two deaths or two lives, / he wraps us in mists of warm bread, / the floating peace and taste of wild strawberries / from the Isle of Patmos." In assembling the collection, however, we decided that this ending was stronger at the end of

"Amsterdam, Schiphol," and the lines were cut from the first poem, in both the English and Romanian versions. The final stanza from "The Archangels' Summer,"—it framed the poem as something Liliana recollected while sitting beneath the impressive cherry tree in her back yard—was also cut. The framing device and the tree, we felt, appeared too frequently in the collection. These poems got off easily in comparison with several powerful poems that were omitted entirely because they did not fit the emerging arc of the volume. The changes, however, were not only subtractions. We noticed that both "Autumn in Ovid's City" and "Amsterdam, Schiphol" included a casino where "death" (in the first poem) or "time" (in the second) made love with money. Cutting the line from "Amsterdam, Schiphol" left a gap at the end of the stanza, so I filled that space, extending the comparison with an octopus from the previous line: "And the octopus of the casino winds over and around / escalators, suitcases, children, women, men." The comparison has been excised from the Romanian version, although my line has not been added. Even readers with no Romanian will notice the differences in the numbers of lines on the page.

Some translations show these differences more clearly than others. "Embers in the Forest," for example, is shorter than "Tăciunii din pădure," follows a different arrangement of lines, and lacks the final question mark. The changes can be traced back to a small problem with the first line. The original begins:

> Only an ember has remained in the dark of the furnace
> and outside the rooster announces dawn
> —his song a sword from Toledo
> stabbed in the middle of the moon

The "furnace," here and in line twelve of the translation, is my choice for "sobă." But the Romanian word refers to something different, not an engine that heats the entire house, but a ceramic fixture about seven feet high that heats just one room, like a German *Kachelofen*. Other options in English—fireplace, heater, tile oven, or (etymologically related to "sobă") stove—were not satisfying for that place in the first line. "Fireplace" could signal coziness, an optional heat, but the poem is more menacing. "Heater" is vague, possibly electric, "tile oven" is uncommon, and "stove" is, first of all, culinary. "Furnace" makes a decent choice for "sobă" in line twelve. It communicates some of the power of the sobă, the intensity of the girl in the poem, and the subterranean emotions that transform the meaning of its embers. But in this first line, "furnace" changes the speaker's location. If she looks into a sobă, she is in a bedroom or living room. The rest of the poem transforms a mundane act into something extraordinary. If she looks into a furnace, she is in the basement, there on a particular errand. The poem does not need to explain the story of the girl, because the speaker is already aware that the embers in the furnace are interesting.

Other words and circumlocutions could bring other effects to the poem. The central problem is not a lack of English options, but the fact that many Romanian homes contain a sobă and most American homes do not. Builders could solve this problem faster than translators. "Sobă" takes part, therefore, in the larger story of Liliana's internationalism. The lack of a match between this word and an English solution resembles the tensions of travel that Liliana examines. This poem lacks the textual reference to translation like that in "Before Halloween," so leaving the word in Romanian would not work this time. Within the book's larger thematic context, and enabled by the bilingual presentation of the poems, cutting this line creates a visual marker of the distance between Romania and the United States. Choices like this one lead to several blank pages in this edition, where the Romanian poem is longer than the translation. I find these pages more interesting than the compromise of a strategically vague, awkward, or misleading line. My intent is not to make the broad claim that translations should always mark their distance from the original. My choice to cut these lines is particular to this book, informed by close reading of her work, knowledge of her life, and collaboration with her exceptional poetic power. The blank pages are uncomfortable, because they can mark moments when the reader is distant from the original. But that reader can also find, in the rest of the book, many intimate experiences of the international scope of Liliana's poetry.

Cutting the first line reshapes the entire poem; it causes other changes, even in lines where the English makes a good match for the Romanian. Without the reference to the sobă, the setting in the first four lines is unclear, as the rooster is now outside of nothing in particular. The reference to Toledo seems gratuitous without the contrast with the domestic sobă. These lines are also absent in the translation. Now the poem begins, "The girl still waits. . . ." The expansive juxtapositions (home and forest, Spain and moon) are replaced by an intense focus on the girl and her shocking act. The subsequent small, dispersed groups of lines work against this focus, so I collapse them from eight groups to three. Now the poem resembles a Romanian ballad, a miniature canso, a re-imagined chivalric tale, in which the knight gallantly destroys the maiden. The added concentration leads to one final alteration. The original last line reads, "now in the forest is again quiet. And peace?" as in, "you call this peace?" This line presents a problem, because using nouns in English requires extra words, not "the forest is quiet again" but "there is quiet in the forest again." Using adjectives makes the question awkward: "the forest is quiet again. And peaceful?" The problem is solved by the other changes I have mentioned. The new concentration on the girl's suffering makes the menace of the lover so intense that the irony of "at peace" is clear, without the question mark. The powerful effect of Liliana's poem persists into its new, English form; it persists, in fact, because the form is responsive to its own changes.

Possibly, if "sobă" had not appeared in such an important place as the end of the first line, the problem would not have taken the entire poem to resolve. But in this poem, this particular problem arose, and the solutions are likewise particular to the poem, the book, and Liliana's work. The most "radical" changes were made in co-operation with Liliana. I crossed out the rooster on her dining table. In fact, because the originals were in flux during the process of translation, and because my translations were made in consultation with Liliana, it is difficult to distinguish the translator's contribution from the author's. Liliana is a poet of the world whose works are open to change, the way garden apartments are open to the sun reflected by the lightwall. I am grateful for her willingness to let the translation follow the logic of the poems.

As unusual as this process of translation might seem, I am not alone in my experiences. After a day full of changing Romanian, Liliana's Swiss-German translator once exclaimed, "Liliana, translating you is like translating a moving target!" It is true; the dynamic process of Liliana's writing plays havoc with our traditional idea of translation, its striving faithfulness to the source text. The "target language" of linguistic translation theory is not the language of translation, in Liliana's case. She is the moving target the translation works toward, a poet who incorporates translation into her poetry. While this process may trouble our expectations for a translation, it is truer to the themes of her work and the biography of an international poet. Hers are poems about travel between countries and the experience of contrasting languages. Incorporating their English translation into new versions simply repeats the encounter with the United States that led to their first composition. Perhaps instead of "source" and "target" languages, it would make more sense to use Lydia Liu's terms: English as a "host" language for a Romanian "guest." But even this hospitality could just as easily be reversed in Liliana's case. In the same way that the United States has welcomed her, her poetry plays host to the suggestions of its English translations.

At no time was the international genesis of this collection clearer to me than during the preparation of the final text for publication. It was important to both of us that this book include both the English and Romanian versions of the poems side-by-side. An international text needs an interlingual presentation, to keep the differences visible. Yet the Romanian versions were not easy to find. After years of moving back and forth across the Atlantic, changing homes and computers, some poems went astray, or, as in "Lanterna pierdută," were found only in earlier versions. My favorite example is the most extreme. The original of "The Archangel's Summer" is, for the moment, lost. For this book, Liliana translated my English version into Romanian, via email from (where else) Sweden. None of these complications seem out of character with the life that brought these poems into the world. Liliana's last line in her email puts it best: „CE ȚI-E ȘI CU POEȚII ĂSTIA CĂLĂTORI-MIGRATORI NU-ȘI MAI GĂSESEC POEZIILE DECÂT ÎN ALTE LIMBI ALE PĂMÂNTULUI."

Or, "What is it with you and these traveling-migrating poets who can't find their poems except in other languages of the earth?"

McKinney, Texas
2009

To my son, Mihnea-Dan

ÎN IARNA CÂND AM ATINS UN URS

În iarna aceea rubinie, sticloasă,
şi flămândă
stăteam la fereastră
şi aşteptam colindătorii.
Aşteptam pe cineva
care să-mi înapoieze
anii mei cei buni,
—anii mei mirosind a scorţişoară,
a mirt, a focuri în pădure.

Deodată,
perdelele au tresărit.
Afară,
bicele colindătorilor
goneau din urmă anul cel vechi? anul cel nou?
şi ochii le sclipeau precum tăciunii,
precum ochii lupilor
în întuneric

şi ursul juca, juca
aprinzând gheaţa cu suflarea lui
şi tânărul ursar când îi scurta
când îi lărgea lanţul acela vechi

atunci
am ieşit alergând din casă,
m-am oprit lângă urs
şi i-am atins blana cu mâini tremurânde

THE WINTER I TOUCHED A BEAR

In that starving, glassy winter
I was behind the window
waiting for carolers.
I was waiting for someone
to bring me
the best of my few years
—my years that smelled like cinnamon
myrrh, a fire in the forest

The shutters shook.
Outside
carolers snapped whips behind the old year
driving in the new year
their eyes lit like embers
like a wolf's eyes
in the dark.

The bear danced, danced
igniting the ice with his breath
while his keeper pulled
and let out the rusty chain

I ran out of my house
to the bear
and touched his fur with trembling hands
I begged him to bring back to me
the red of my heart, cheeks, lips.

rugându-l să-mi înapoieze
roșul inimii și al obrajilor și al buzelor
din luminișul cu fragi.

Când m-am întors cu puteri sporite
în camera mea întesată cu cărți
aveam bluza pătată de zmeură și afine

și cuvinte noi și tinere pe limbă.

I came back full of power
to my room packed with books.
My shirt stained with raspberries, blueberries
and words new and young on my tongue.

CEAȚA E SCUTIERUL MEU

În această zi, de septembrie târziu
când pe o tavă de cristal tu îmi aduci
un pâlc de mandarini
iar eu te numesc cavaler al Bunei Speranțe,

Cineva ne aduce cupele cu vin,
să fie Ovidiu?
să fie Orfeu?

De după perdeaua grea de catifea
pândește uitarea. Din buzunarele ei cad
cărți și chipuri și grădini și fiorduri
tu însă continui să-mi vorbești
despre cum se dă Noroc în țara ta:

„Cei doi se privesc mai întâi în ochi,
secole trec atunci prin pupilele lor,
iubiri cum n-au mai fost
și nici n-au să mai fie.
Apoi ciocnesc paharele, beau
și iar se privesc adânc în ochi."

Și-n tot acest răstimp
eu privesc pe fereastră
drumul prăfuit
care și el jinduiește după trupul tău zvelt
cum tu după chipul meu din lumina Dunării.

FOG IS MY BUCKLER

Fog is my buckler
late in September
when you bring me tangerines
on a crystal tray.
I dub you Knight of Good Hope.
Someone brings us
cups of wine . . .
Ovid?
Orpheus?

A velvet curtain hangs over
Forgetfulness, on guard, his pockets overflowing
with books and faces, gardens and fjords.
You insist on explaining
how to toast in your country:
"First, you look into each other's eyes
—centuries pass through the pupils,
love as you never had
and never will—
then you clink glasses, drink
and again look deeply into each other's eyes . . ."

At this moment
I look out the window . . .
The dusty road already
longs for you
as you do my face in the light of the Danube.

CE A MAI RĂMAS

Din primăvara aceea timidă,
din mâna de poeme scrise
La masa albastră din bucătărie,
Mereu cu spaima tornadelor în sânge,
Cu păsări roşii şi albastre în fereastră
Ţinîndu-mi loc de viaţă

Ce a mai rămas
Din numele meu de pe cutia poştală
De pe Sherwood Avenue?
Câteva litere şterse de ploaie,
Câteva Scrisori sosite
Prea târzsiu.

Ce a mai rămas
Din plimbările mele pe strada perfectă?
Doar urma ceasului, albă şi misterioasă
La încheietura mâinii mele de sub soarele Americii
Asemeni trăsăturii de penel a zeului
Când ne pregăteşte,
Când ne pedepseşte
Pentru iubire

WHAT REMAINS

of that timid Spring
of the handful of poems written
on a blue kitchen table,
the fear of tornados always in my blood
the cardinals and blue jays in the window.

What remains
of my name on a mailbox
On Sherwood Avenue?
A few letters washed off in the rain
and postcards that arrived
too late.

What remains
Of walks on a perfect street?
A white, mysterious line
circles my wrist under American sun,
Like the brushstroke of a god
who will ready us
who will punish us
for love.

SĂRBĂTOAREA URZICILOR

N-am mai scris poezii.
Nici despre neamul urzicilor şi rostul lor
şi nici despre floarea de cireş
nu am mai scris de mult.
Lungă a fost iarna
şi somnul un biet iepure
fugărit de prea mulţi vânători.
Veştile sunt puţine:
au înflorit narcisele
în grădina de lângă mânăstire,
pe mătuşa lui Cati a luat-o vântul pe sus în curte
dar acum e bine, citeşte Psalmii
la veioza ei cu abajur din ziarul de acum 50 de ani
ce-i poartă chipul de la 20 de ani
sub titlul cu Miss Romania.

E sâmbătă seara şi o salbă de focuri de artificii
brăzdează cerul liniştit de martie.
Cine ştie ce sărbătoresc cei de la hotelul Marriot,

Eu sărbătoresc primul poem
după o iarnă atât de lungă.

CELEBRATION IN NETTLE SEASON

I haven't written a single poem.
Nothing about the wonderful world of the nettle
nothing about cherry blossoms,
I haven't written for a long time.
Winter was hard,
and rest was a rabbit
running from too many hunters.
Not much news:
the narcissus have come up
in the convent garden,
Kati's aunt was picked up by the wind
while hanging a sheet to dry,
but she's fine now.
She reads psalms by her bedside lamp
The shade made of newspaper 50 years old
with her picture, under the headline, "The New Miss Romania"

It's Saturday, and a volley of fireworks
Burns across the quiet March night.
Who knows what they are celebrating at the Marriott.
I am celebrating the first poem
after such a long winter.

VARA ARHANGHELILOR

Mama tânară, în rochie de taftă visinie
şi lumină de miere din acea zi în munţi
când puteam face orice.

Vara arhanghelilor
durează doar o zi,
doar cântecul unei păsări,
cât cântecul unei stele
(o acele zile perfecte ale copilariei
ce nu se vor mai întoarce nicicând)
Vara Arhanghelilor
ce
se mai numeşte şi vara iernii.

THE ARCHANGELS' SUMMER

My mother's young body wrapped in cherry taffeta
And the honey light of that day in the mountains
when we could do anything.

The Archangels' Summer
lasts for one day
just as long as a bird's song
a star's song
(those peaceful days of my childhood
were the last of their kind)
it is also called the summer of winter.

TURTĂ DULCE CU OGLINDĂ ȘI SIBIU

În Turnul Scărilor am viețuit cândva
Pe când treptele lui uneau Orașul de Sus cu Orașul de Jos
Cetele îngerilor cu cetele stelelor.

Pe vremea aceea scriam tratatul despre iarbă
Și despre suflet care este un abur închis
într-o lăcriță a inimii pus acolo
De bunul Dumnezeu.

În Turnul Sfatului când viețuiam
Eram pictorul cel cu nume de împrumut
Care abia născut am fost dat pe fereastră unei străine
Care mi-a dat un alt nume, puternic, de urs
înșelând astfel chiar moartea.

În Turnul Archebuzierilor eram pe rând
Soldat, poet și paznicul focului.
Pândeam crivățul și austrul, vântul cel lin
Și vântul frunzit cel ce dezgroapă colțul ierbii
Și mugurii din coaja copacilor bătrâni.

Dar de venit pe lume am venit în Turnul Grădinii de pe strada Balanței
Cu coacăzele și agrișele ei ca niște note pe partiturile lui Albinoni
Pe care mama îl asculta în iernile prea lungi.

În Turnul Păsărilor nu am urcat nicicând
Doar înfriguratul profesor pensionar
Cel care purta totdeauan iarna păsări pe sub haine

GINGERBREAD WITH A MIRROR AND SIBIU

I once lived in the Tower of Stairways
whose steps linked the City Above to the City Below,
the flocks of angels with flocks of stars.
I wrote a short history of grass
and a treatise on the dark mist of the soul
kept in a jewel-box heart
by the Lord.

When I lived in the Tower of Counsel,
I was a painter with a borrowed name
I was a newborn left on a stranger's windowsill.
He gave me a powerful name, a bear,
to trick death.

In the Tower of Musketeers I was, in turn,
soldier, poet, and fire watchman.
I followed the north wind and the south, the sweet wind
and the leafy breeze that discovers the teeth of grass
and buds from the bark of old trees.

But when I came into the world, I arrived at the Tower of Gardens, number 10,
Balance St.
Gooseberries and bilberries like notes from an Albioni recording
my mother played through the too-long winters.

I have never climbed the Tower of Birds
where the professor retired,
who carried birds beneath his suit-coat all winter

Urca pe treptele-i din pene şi ne povestea
Despre cum a fost el botezat în somn la o mânăstire din munţi.

Doar arhitectul care ştia toate turnurile pe de rost
Doar el ne putea spune unde au fost casele poeţilor
Deşi de mult dărâmate fiindcă numai ele îşi mai păstrează
Umbra întreagă.

Cineva care ridică mai întâi umbra unei case şi apoi casa
Ne-a dăruit frânghia lui cu noduri
câte unul pentru fiece inimă a timpului.
Şi apoi ne cerea să-l uităm
Aşa cum mi-a cerut şi violoncelistul
Care mi-a sărutat urechea prima oară
Spunându-mi că e o scoică în care el aude marea
„Loc neprihănit de zgomot şi săruturi să-ţi fie urechea" îmi spunea bunica
pe când toca atentă pătrunjelul şi-l risipea în ploaie peste supa familiei.
Iar eu aveam mereu genunchii zgâriaţi de căţăratul prin cireşi
Şi urechile le aveam mici şi roze atinse doar de apa fântânii de sub nuc
Şi de verişorul Bach.
Oho, ce mai vremuri, ce mai coşuri cu zmeură şi afine şi fragi
Se răsfăţau pe mesele de piatră alături de roţile de caşcaval din Jina şi Poiana
Dimineţile în Piaţa de lângă Cibin când viaţa nu avea vârstă ci doar gust de
lubeniţă.

Şi vedeam Sibiul în oglinjoara din turtă dulce
Pe care mi-o aducea bunicul sâmbăta când se întorcea de pe Valea Oltului
Şi-mi povestea despre locomotiva lui cu care făcuse şi frontul
Şi pe care primăvara o împodobea cu ramuri de salcie
Iar vara o umplea de pepeni şi de pere pergamute.

and climbed the stairs of feathers,
he told us he was baptized in his sleep, in a monastery, in the mountains.

Only the architect knows all the towers by heart
Only he could tell us where poets lived.
Knocked down long ago, they still have
their shadows intact.

The person who builds the shadow before the house
gave us his rope knotted
once for each of time's hearts
then asked us to forget him.
Just like the cellist who first kissed my ear
He told me he could hear the sea inside its shell
"A place unspoiled by noise and kisses may your ear be," my grandmother said
while she chopped parsley and let it shower
our family's soup.
My knees were always skinned from climbing cherry trees
My ears were small and pink, touched only by water from the well
beneath the walnut trees
and by my cousin, Bach.
What times, when heaps of raspberries, bilberries, strawberries
lazed on stone tables, beside wheels of cashcaval from Jina and Poiana
Mornings in the market near Cibin, when life had no age and tasted like
                    watermelon.

I saw Sibiu reflected in the gingerbread mirror
that my grandfather brought on Saturdays, on his way back from the Olt River
And he told me about the locomotive he drove to the battlefront
in Spring he crowned it with willow branches
in Summer he filled it with melons and pears.

TĂCIUNII DIN PĂDURE

Doar un tăciune a mai rămas în întunericul sobei
și afară cocoșul vestind zorii,
—cântecul lui o spadă de Toledo
înfiptă în miezul lunii

și fata așteptând în pădure
și iubitul care nu mai vine.

păsările nopții au amuțit
doar râul îi ține fetei de urât
și două, trei stele orfane

ea se așază la rădăcina unui brad
iar rochia-i albă e o pată strălucitoare
în verdele catifelat al nopții

ea își scoate din piept
inima-i din sânge și din carne
și o așază alături,
în iarbă.

iar noi credem că e doar tăciunele frate
cu cel din întunericul sobei
și el care se teme să nu ia foc pădurea
aleargă spre pata aceea sângerie
și-și aruncă haina peste ea

EMBERS IN THE FOREST

The girl still waits in the heart of the forest
and her lover will not come
and the night birds now have fallen mute
The river alone keeps her company
under two or three orphaned stars.

She sits, so beautiful, on the root of a tree
her white dress a patch of light
on the night's green velvet.
Then she removes her heart
and leaves it on the grass beside her
And we believe they are just embers,
brothers of those inside our furnace.
And afraid of a forest fire
he runs to that patch of blood and flesh
and throws his coat over it
smothering
its breath
its plea

The forest is quiet again. At peace.

înăbuşind
orice suspin
orice rugăminte
orice lacrimă

acum în pădure e iar linişte. Şi pace?

AZI CÂND LILIACUL A INFLORIT A DOUA OARĂ

Azi când liliacul a înflorit a doua oară
el m-a rugat cu lacrimi în ochi:
„Dă-mi şi mie hainele mele din tinereţe
şi calul din tinereţe,
e într-un grajd cât un iepure de mic"

eu m-am oprit de şters praful din casă
şi m-am apucat să caut prin dulapuri,
iepurele a venit singur
şi am suflat peste el
şi m-am rugat de înger
să-l facă iar un cal mare şi frumos

cât despre haine nu le-am mai găsit
şi apoi şi el se shimbase
şi nu i-ar mai fi venit
nici una din cămăşile acelea albe
pe care îmi plecasem de atâtea ori capul,
atât de îndrăgostită

el, fericit, şi-a uitat de hainele din tinereţe
şi a încălecat pe calul cel voinic
şi a plecat în grabă în lume
scuturând puţina floare de liliac din fereastra mea.

s-a întors pe jos şi fără de cal
şi a scos de sub cămaşă doua păsări:

TODAY, WHEN THE LILAC BLOOMED A SECOND TIME

Today, when the lilac bloomed a second time,
he asked me, his eyes in tears
"Give me the clothes of my youth
and the horse of my youth (kept in a stable
shrunk to the size of a rabbit)."

I stopped dusting the house
and searched through the cupboards,
the rabbit came on his own
and I breathed over him
and I prayed to an angel
to make him a stallion again

I could not find the clothes
but he's changed too, they would never fit
none of those white shirts
where I put my face
in love

He was content, forgot the clothes of his youth
mounted his brave new horse
and rode fast into the world, shaking
the few lilac blossoms in my window.

He returned on foot
and took two birds from the breast of his shirt

„Sunt păsările dragostelor, le-am luat dintr-un tei
şi tot drumul mi-au cântat aşa:
  ‚Ei, fi-re-ai tu izvor de miere
  în codrii pustii.'"

"I pulled these doves from a linden branch
but they won't stop singing:
       'Damn your fountain of honey
       Damn your fountain of honey
       in the desolate forest.'"

OBLOMOV DIN GRĂDINA ICOANEI

Samovarul cu umbra lui lacomă dar şi mângâietoare
Şi Oblomov urlând la orice apropiere omenească:
„Îndepărtează-te, vii de afară, aduci frig!"

Şi scena ca un câmp îngheţat
Pe care patinează fete tinere cu şaluri lungi
Şi sentimente ascunse precum monezile de aur
în căptuşala cântăreţei ce traversa Dunărea
Spre Belgrad tot într-o seară de vară
Şi noi toti care o înfiiam în drumul nostru spre Struga
Şi ea care ne cânta ca o pasăre în zori
După ce treceam graniţa.

Şi bătrânul servitor care trăieşte
Doar pentru clipa când va mai da pe gât un pahar de votcă
Sau când îi va trage boierului său cizmele
în timp ce-i spune istoria vieţii lui

Şi patul boierului e mai degrabă o trăsură cu oiştea în drum
Ba nu, e un cărucior pentru un copilaş răsfăţat
Peste care se apleacă noaptea şi ziua
Ca nişte surori mai mari
Şi el suge încă la sânii grei ai nostalgiei
Dădaca celor singuri.

„Lucrez la un plan" şopteşte, strigă ,plânge,zâmbeşte candid Oblomov
şi în culise îngerii întorc grăbiţi ceasurile
Şi le dăruiesc actorilor grădini cu flori albastre

OBLOMOV IN THE GARDEN OF ICONS

The maternal, greedy shadow of the samovar
And Oblomov shouting at anyone who comes near
"Go away, stranger, you're letting in the cold."

The scene is a frozen field
where girls in long scarves ice skate,
their feelings hidden like gold coins
sewn into the coat of the famous soprano
who crossed the Danube toward Belgrade on a summer night
She sang to us like a bird at dawn
once we came through customs.

And the old servant who lives
for the next cold hit of vodka against the back of his throat
He lives to pull off the boots of his employer
as he tells the story of his life

And his employer's bed is a spoiled child's bassinet
The servant leans his face over, day and night
like a doting sister
While Oblomov sucks at the magnificent tit of nostalgia
Wet nurse of the alone

"I have a plan," whispers, shouts, cries, smiles the honest Oblomov
Angels in the wings quickly turn their watches back
and in the garden with blue flowers, they assign the actors
parts written in the language of prayer
instead of human words

Şi le aşază in roluri in loc de vorbe omeneşti
Rugăciuni.
Dar ei nu înţeleg toţi ce se întâmplă şi-şi spun trăncăneala din piesă
Regizorul a înţeles şi degrabă schimbă decorul
Doar candela luminează acum lumea.

Femeia care adună cioburi de pe scenă
E soră cu bărbatul care adună cioburi.
Ei sunt cei cu multă răbdare şi iubire,
Ei leagă rănile, ei sunt părăsiţi , ei aseaptă
Când nu mai e nimic si nimeni de aşteptat.
De fapt ei sunt singurii supravieţuitori
Ai scenei acesteia cu boier nefericit, cu escroci, cu iubite diafane
Şi servitori credincioşi.

Mă întorc din această veche -nouă- absurdă- adevărată livadă cu şiruri de vişini
De lângă grădina Icoanei
Şi sub stelele reci şi sub norul de tei ameţitor
Mă aşez sub vişinul meu din spatele casei
Şi mă rog pentru toţi.

But hardly any understand what is happening, they miss their lines
The director makes a quick change
Now the actors are lit from below by a solitary candle

The woman who picks up shards of glass is the sister
of the man who picks up shards of glass
Both have patience and love
They bind wounds, they are abandoned, they wait
when there is no one and nothing to wait for
They in fact are the only survivors
of this scene with an unhappy boss, crooks, innocent girls
and faithful servants.

I return from this old new absurd real orchard of cherry trees
along the Garden of Icons,
and with cold stars overhead I walk through the dizzying scent of lindens
and sit beneath the cherry tree behind my home
and pray for us all.

GRADINA CU MENTĂ

Familiei dr. Dimitriu

E între case, lângă un garaj şi o bucatarie.
E inconjurat ă de o plasă de sârmă ruginită,
abia face schimb de raze cu soarele, cu luna
din Balcani.
E copilul profesoarei de limbă română.
Fiece tulpină, fiece frunză de mentă e o literă.
Ele formează cuvinte pe sub pământ iarna
iar primăvara mici fraze precum:
„bună dimineată surioarelor." Sau „iţi multumim soare
azi ne-ai încălzit picioarele şi mâinile nenăscute"
Vara însă straturile de mentă sunt adevarate poeme
ce zboară pe deasupra caselor din cartier
iar doamna profesoară căruntă acum
ia lecţii de zbor de la ele
şi zilele nu i se mai par atât de lungi
şi scoate albumele despre Roma şi Corint
şi uită să mai plângă paşii mamei din casa batrână.

Când soţul doamnei profesoare
şi tatăl grădinei cu mentă
serveşte ceaiul în ceaşcă cu peisaje orientale
camera se umple de lumină şi de adieri celeste
câmpul copilariei sale i se aşază cuminte la picioare
iar el işi scrie cartea despre lungul drum al nervilor
şi despre tainicii neuroni şi mai tainicul creier
cu bucuria frunzelor de mentă

THE BED OF MINT

for the Dimitriu family

Between two houses,
between a garage and a kitchen,
surrounded rusty chicken wire.
It's the baby of the Romanian teacher, every stem
every new leaf of mint is a letter
In Winter, they nurture words underground.
Spring, they compose sentences.
In Summer, the patches of mint are full-grown poems.

The withered teacher
takes flying lessons
when the days seem too long.
She takes out her scrapbooks of Corinth and Rome
and forgets to mourn her mother's footsteps in the empty house.

This teacher's husband
—father of the mint patch
takes his tea in a cup with oriental scenes
and the room fills with light and celestial breezes
the field of his youth lies down at his feet
He is writing a book on the long nerve pathways
and the mysteries of neurons and the more mysterious brain

What joy in mint leaves
steeped in the last sunrays of the day.

din ultima lumină a zilei.
Apoi se ridica și vine lânga ea
care citește despre gradini suspendate și cascade
îi ia capul în mâini și îi sarută fruntea
mulțumindu-i pentru toate diminețile și amiezile și serile și nopțile
petrecute de o viață impreună
și pentru micuța gradină cu mentă
din pătratul îngust al ferestrei lor bucureștene.

*One Hundred Days, One Hundred Nights
in Lewisburg*

AMSTERDAM, SCHIPHOL

Placa turnantă a lumii,
Deșert al dorințelor între două avioane
Și ultima carte a lui Grisham (un best seller desigur)
Și punga cu bulbi de lalele „Surpriza stelei"
Cumpărată pentru gradina prietenilor mei necunoscuți
Care mă așteapta în aeroportul din Louisville.

Scări rulante, valize, copii, femei, bărbați
Unind AfricașiEuropașiAmericașiAșiașiAușstralia
Cu lacrima, cu zimbetul, cu iubirea
Care pe mulți i-a părăsit.

Azi e 8 ianuarie 2000 și a două sâmbătă
Dintr-un nou secol și mileniu.
Și eu în drum spre America mă simt
Ca într-un tablou de Breughel cu aeroport.
Ca o fată blondă mașînd capul călătorului obosit
Doar pentru câțiva guldeni
Și peste toți și peste toate
Se așterne caracatița cazinoului

Și deodată o rugăciune
Pogoară neștiută
Peste aceasta lume între două destinații.
Între două morți sau două vieți
Și ne îmbracă în aburii ei de pâine caldă
În pacea plutitoare și cu gust de fragă
a insulei Patmos.

AMSTERDAM, SCHIPHOL

Roundhouse depot of the world
desert of desires between two airplanes
the latest best-seller (of course) from Grisham
and bags of tulip bulbs called "Star Surprise"
for the gardens of unknown friends
waiting for me at the Louisville airport.

Today is January 8, 2000, the second Saturday
Of a new century and a new millennium.
I am on my way to America, stopped
inside this Breughel with an airport.
A blond girl massages a traveler's tired head
just for a few Euros.
And the octopus of the casino winds over and around
escalators, suitcases, children, women, men.

Suddenly a prayer
descends, unknown
over this world between two destinations
Between two deaths or two lives
and dresses us in the steam of warm bread
Peace floating in the taste of wild strawberries
from the Isle of Patmos.

ARIPI

Sfântul Cosma Aitolos spunea că Dumnezeu are multe nume.
I se spune: lumină, viață, înviere.
Dar numele Lui cel mai aproape de cer și de pământ
Este Iubire.
Iubire de Dumnezeu și de semeni.
Așa cum o rândunică are nevoie de două aripi
Să zboare
Și noi ne mântuim cu aceste două iubiri.

Să nu punem plumb
Pe aripile primite în dar
La Botez.

Să nu ne îngreunăm
De cele ale pământului.

Azi, 24 august, în biserica de lemn
Din Williamsport
L-am sărbătorit pe călugărul Cosma
Cel ce a părăsit muntele Athos
Când Balcanii erau trecuți prin spada otomană
Și crucile și bisericile arse.
El străbătea satele și ridica în fiecare
Câte o cruce mare
Lângă care citea Scripturile.
După plecarea lui sătenii au trebuit să apere
Cu propriile vieți
Crucea ridicată de smeritul monah

WINGS

Today, August 24, in a wooden church
in Williamsport
we remember Cosma the monk
who left Mount Athos
when the Ottoman sword passed over the Balkans
and crosses and churches burned.
He traveled to villages and built crosses
then recited scripture beneath them.
Once he left, the villagers protected
with their own lives
the cross raised by the humble monk
        —joy and humility—
it bloomed with the illuminated fragrance
of resurrection
writing the Word on air.

Here, in America, in another church, turned into a theater
I read poem after poem
as though I were building
a cross out of words
With great care
with unending motion
But with peace, too, in my soul
climbing humbly
the ladder of prayer
Until all the walls of the theater
fill with icons
and burning candles.

—bucurie și suferință—
din ea izbucnind dulcea mireazmă înluminată
a învierii,
înscriind în aer Cuvântul.

Aici, în America, în altă biserică, preschimbată în teatru,
Citesc poem după poem,
Cum aș ridica din cuvinte o Cruce,
Cu mare grijă,
Cu nesfârșite emoții
Dar cu pace în suflet
Urcând smerită
Scara rugăciunii
Până ce pereții se umplu de icoane
Și de candele aprinse
Și de cântecul atotmăritor al stranei

Până ce un înger deschide ușile împărătești
Și prin ele intră Sfântul Serafim de Sarov
Și ne salută pe fiecare în parte:

„Bucuria mea, Hristos a înviat!"

LILIACUL LUI TESS

Liliacul tău, din spatele Casei Poetului
E firav și curajos.
Supraviețuitor de meserie.
O tornadă și un uragan i-au fost dascăli,
Iar moartea, moartea l-a adulmecat de atâtea ori
Neputincioasă
In fața micuțelor flori
Și norului său de parfumuri din luna mai.

Acum e noiembrie, regele ceții și al nostagiei,
Cel ce aruncă spre ceruri, mereu,
O monedă de argint
Și o Prinde iar, înainte să cadă pe pământ.
„Zăpadă sau soare?" mormăie el
„Toamnă sau iarnă?" îngână
Și plăpândul trandafir roz,
Vecinul liliacului firav
Un Sancho credincios
Urmând până și umbra frunzelor căzute.

Acest liliac, acest Don Quijote vegetal
Din spatele Casei Poetului
Dă toate bătăliile pentru noi
Și rămâne mereu în picioare.
Uneori cu frunzele căsăpite de vânt.
Un Don Quijote autentic
Și uneori un Sancho
Pentru poetul de pe Malcolm Street

TESS'S LILAC

The lilac behind the Poet's Cottage
is delicate and brave.
Survivor by trade
Schooled by hurricanes and tornados
And death, death has followed its scent more than once
Death powerless
before miniscule blossoms
and the cloud of its May perfume.

Now November, king of fogs and nostalgia
flips a silver coin toward the sky
and catches it before it drops to the ground,
"Snow or sun?" he mutters
"Fall or Winter" mocks
the frail, pink rose bush
beside the delicate lilac
A faithful Sancho
who follows in the shadows of fallen leaves

This lilac, this vegetable Don Quixote
behind the Poet's Cottage
fights our battles for us
always on his feet
even with his flowers butchered by the wind
A paladin
for the poet in the house on Malcolm Street

De la numărul 5.
Din casa dintre un râu
Şi o cale ferată
Unde cuvintele înfloresc timid

Până şi în oglinzi.

At the house between a river
and train tracks
Where timid words bloom
in mirrors
young and invincible.

AŞTEPTÂND SĂ TREACĂ URAGANUL „IZABELA"

Pe masă cartea cu Arta Poeziei, Patericul Egiptean
Şi cafeaua Starbucks pe care o beau
în fiece dimineaţă cu ochii pierduţi
Pe fereastra mea americană
în dialog cu păsările flăcări, cu păsările albastre ca fulgerul
Cu motanul Toady, cel cu cinci degete
Şi mereu la pândă, urmărindu-mă de departe,
Aştepând să apar cu cana cu lapte.

Şi mai stau eu de vorbă şi cu bradul cel bătrân
Căruia mă adresez respectuos cu „Maiestate"
Dar şi cu firavul liliac plantat de Tess
într-o glorioasă dimineaţă de april
Şi abia ţinându-se în picioare
Sub uraganul „Isabela"
Care şi-a pierdut totuşi forţa
Până aici, în Pennsylvania
Preschimbându-se într-o ploaie moleşitoare
Şi în rafale de aer fierbinte
Pe care le-a înghiţit cu lăcomie în Florida.

Dar iată a apărut şi câinele Theo jucându-se
Cu mingea lui roşie
Pe care am studiat-o speriată
în prima mea ieşire în curtea Casei Poetului.
Semăna atât de tare cu o mică bombă,
Un fel de lubeniţă cu mâner.

WAITING FOR HURRICANE ISABELLA TO PASS

On my table: *The Art of Poetry, Lives of the Egyptian Saints*
and the coffee from Starbucks I drink every morning
with eyes lost at my American window.
I talk to birds blue as lightning
with Toady, a cat with five toes
always on the hunt, stalking me from a distance.

I also talk to the old tree
whom I address as "Your Majesty"
And to the delicate lilac Tess planted
one glorious April morning
barely holding its ground
beneath Hurricane Isabella.
The storm has lost its strength
coming to Pennsylvania,
has changed to a thick rain
and gusts of hot wind.

Theo's appeared, the dog
playing with a red ball.
When I first came to the Poet's Cottage
I bent to study the ball, frightened
It looked just like a little bomb
A melon with a handle.

Mă ridic de la masă şi mă opresc
în dreptul bibliotecii de împrumut de aici.
Printre cărţi descopăr o mică socotitoare din lemn, cu bile
Şi deodată am doar 5 ani şi sunt în grădiniţa din Sibiu,
Guşteriţei colţ cu strada Balanţei
Şi învăţ tocmai a socoti
Mişcând bilele roşii mai fascinante decât stelele de pe cer
învăţând Abstractul cu multă răbdare şi curiozitate.

Aplecată peste socotitoare
Cu fundele mele albastre în codiţele blonde
Şi acum mai păstrez la Bucureşti,
într-un sertar cu scrisorile de dragoste
Ale tatei către mama,
O cutie mică, transparentă
Cu o codiţă cu fundă albastră
Păstrată cu sfinţenie de mama
în adăpostul parfumat al scrinului din sufragerie
Şi deodată alerg la fereastră:
„Trece trenul!" strig din toată inima
Şi arunc socotitoarea
Şi toţi copiii mă urmează în curte
Dincolo de gardul de lemn al grădiniţei
Chiar trece o linie ferată şi un tren adevărat
Ca şi aici la Lewisburg,
Chiar pe lângă Casa Poetului
Iar veveriţele şi iepurii se joacă printre traversele de lemn.

La capătul străzii mele americane
Trece şi un fluviu leneş, Susquehana
Şi pot zări chiar şi podul imens, legând

I leave the table and stop
beside my borrowed bookshelf
Among the books, I find a wooden abacus
And suddenly I'm five years old, in a kindergarten in Sibiu
on the corner of Gusterița and Balanță
Bent over the abacus
blue ribbons braided through my blond hair,
learning to add
by moving the red balls, more fascinating than stars in the sky
learning the Abstract with patience and curiosity.

Even now in Bucharest,
in a drawer with love letters
from my father to my mother
I have a small, transparent box
with my braid and blue ribbon
that Mother kept like a relic
in the scented chest of drawers.

I run suddenly to the window
"The train's coming!" I shout with all my heart
and throw down the abacus
and the children follow me into the yard
beyond the school's wooden gate
to real tracks and a real train
Just like here in Lewisburg
right through the backyard of the Poet's Cottage
where squirrels and rabbits play among the wooden ties.

At the end of my American street
a lazy river passes: the Susquehanna

Oraşul cu pădurile din Northumberland.

Sună telefonul şi un sibian îmi spune
Că podul Gării din Sibiu
Nu mai este.

Şi atunci chiar aici, chiar acum
Eu îl ridic iar, piatră cu piatră
Cuvânt cu cuvânt
Şi cei din Lewisburg
Se miră că lângă podul lor
A mai apărut un pod,
Mai mic.
Cu maşini mai mici,
Cu umbrele mai mici,
Cu vijelii mai mici.
Un pod pe care o fetiţă cu codiţe blonde şi funde albastre
îl trece în fiece duminică
De mână cu bunica ei
Pe drumul lor spre catedrala din centrul Sibiului.

And I can make out the enormous bridge that connects
the city with woods in Northumberland.
The telephone rings, and a man from Sibiu tells me
the train bridge in that city
has been destroyed.
And so, here and now
I raise it again, stone by stone
word by word
And the people in Lewisburg
are surprised to see, beside their bridge
another
smaller
with smaller cars
with smaller shadows
with smaller storms
A bridge where a little girl in pigtails and blue ribbons
crosses every morning
holding her grandmother's hand
walking to the cathedral in the center of Sibiu.

HALLOWEEN

Moartea atârnă din sticle
la bar.
De lămpi atârnă fantome,
femeia poartă haine de spărgător,
fetița ei
e îmbrăcată
în lup.

Deschid cartea
cu orașele fantomă,
apoi pe cea cu faruri,
cu lumina păzită
noapte și zi
numai și numai de văduve.
„Ce grădini de femei"
ce greu e să traduc aceste cuvinte
în limba mea de împrumut.

Pe stradă frunzele-și leapădă aurul
direct pe trotuare

sau despre cum timpul,
invincibilul scrib
traduce toamna în iarnă.

BEFORE HALLOWEEN

Death hangs from the necks
of bottles
behind the bar

Phantoms hang from chandeliers
A woman wears black
like a burglar,
her daughter
wears the face
of a wolf.

I open a book of ghost towns
and a book of lighthouses,
where only widows keep watch
night and day
with a flashing lamp.
"Ce grădini de femei"
how hard to translate these words
into a borrowed tongue.

Trees toss their gold
onto sidewalks,
while the invincible scribe
translates autumn into winter.

AŞTEPTÂND MEREU TRENUL

Aştept să treacă trenul.
Leneşul mărfar de Lewisburg.
Drumul de fier trece acum
Chiar prin grădina mea
Sută la sută americană.
Vagoanele lui sunt asemeni
Alfabetarului lui meu din copilărie
Plin de mici buzunare
Umplute cu litere.

Aşteptam să treacă trenul,
Iubeam cu patimă şuierul lui prelung
în nopţile cu geamurile îngheţate
Sau în cele născute de armadele de greieri
Din oraşul meu din Carpaţi.
Iar când nu trecea nici un tren
Eu visa că trece cel mai frumos tren din lume.

Mereu am aşteptat să treacă trenul.
Ca pe o caravană în deşert.
Ca pe o oază.

Ca pe o pajişte acoperită cu lăcrămioare
Pe un deal din Moldova
Când copii fiind adormeam fericiţi
cu o mână sub cap,
cu cealaltă între stele.

ALWAYS WAITING FOR THE TRAIN

I am waiting for the train
The lazy freight from Lewisburg.
The iron lines run
right through my backyard
One hundred percent American.
Its cars are like
the alphabet book I had as a child
full of little pockets
stuffed with letters.

I was waiting for the train to pass.
I adored the passion of its long whistle
during the nights of frosted windows
or those born in battalions of crickets
in my Carpathian town.
And when no train passed,
I imagined
the most beautiful train in the world.

I've always waited for a train,
a desert caravan
a meadow blanketed in tears

Or hills rolling through Moldova
when we were children asleep
one hand under our heads, the other in the stars.

Mai târziu,
în viața mea cea plină de aeroporturi
El, trenul, e rege.
E un pahar cu apă rece dintr-o zi toridă.
E un pepene roșu pe o tavă albastră.
E iepurele mic, alb și speriat
primit în dar de la tata.

DIN VIEȚILE PĂSĂRILOR

Pasărea Paradisului
Zboară întotdeauna
împotriva vântului, a grindinii, a furtunilor.
Doar cerurile îi mai aud glasul rubiniu.

La fel ciocârlia.
Cântă doar când se desprinde
De pământ.
Cântă în plin zbor,
în plin albastru
Atotștiutor,
Atotcuprinzător.

Canarii cântă doar închiși
în colivii.
Cerul rămâne departe,
Un enigmatic safe.
Ca și marea.

în schimb pițigoiul
El, anonimul,
Ignoratul
Dacă-l închizi în colivie
își înfige gherуțele în gât
Și rămâne așa până moare,
Cu aripile fericite, mereu în cer.

Nu cântă nici o pasăre

FROM THE LIVES OF THE BIRDS

The bird of heaven
flies
into the wind, hailstorm, thunder.
The sky alone hears its ruby voice.

Likewise, the lark
only sings when released
from the earth.
It sings in full flight
in full blue
all-knowing,
all-encompassing.

Canaries only sing when caged.
The sky is far off,
an enigmatic safe.

But if you cage the tomtit
—the anonymous
the ignored—
it wraps its claws around its throat
and chokes to death.

No bird sings
that makes its nest on earth
and cannot fly to the heights.

No bird sings

Care-şi face cuibul pe pământ.
Si nici nu poate zbura la înălţime.

Nu cântă nici păsările
Care vieţuiesc în mult zgomot
Pe lângă râuri, mări, oceane.

Şi mai ales nu cântă păsările
Care se hrănesc cu carne.

Doamne, Tu ne-ai făcut cel mai frumos dar:
Aripa rugăciunii şi aripa postului.

„Părintele Elisei a slujit 52 de ani ca ucenic la mânăstire. Din mare
smerenie nu s-a călugărit şi a vieţuit ca paznic al pădurii.
    Iarna când ningea, după ce-şi punea firimituri de pâine pe cap, pe umeri,
pe barbă şi pe mâini ieşea din chilie şi chema toate păsările să se ospăteze.
Îndată se auzea fâlfâit de aripi. Capul, chipul, şi mâinile pustnicului se
umpleau de păsări în timp ce zăpada cădea neâncetat." (Patericul athonit)

that lives in noise
beside rivers, seas, oceans.

And no bird sings
that feeds on flesh.

"The Elder of Elisa apprenticed at a monastery for fifty-two years
without becoming a monk, as a result of his great humility. He was a
woodsman.

When it snowed, he would cover his head, shoulders, beard, and
hands with breadcrumbs. He went forth from his cell and called the birds
to feast from his body. Therewith was heard the fluttering of wings. The
hermit's head, face, and hands filled with birds, while the snow continued
to fall."

(*Lives of the Monks on the Holy Mountain of Athos*)

CONCERT PENTRU MONAHUL VASILE

La radio „Concertul imperial"
şi Beethoven încercând cu disperare
să mai audă o dată în viaţă
cântecul greierilor.

Acum trăieşte deghizat în pescar
pe malul Dunării, lângă far
şi din când în când
traversează oceanul odată cu mine
şi trăieşte nevăzut în Casa Poetului
de pe Malcolm Street, la numărul 5.
El îmi ascute creioanele,
îmi resetează computerul,
îmi şterge tablourile de praf,
îmi tunde gazonul
dar mai ales se roagă odată cu mine
iar eu îi citesc scrisorile fiului meu,
poeziile abia scrise
sau îtâmplări din lumea monahilor.

Azi i-am povestit
despre cum a fost salvat de turci
un călugăr copist de numai 17 ani
de către bătrânul călugăr Vasile
de la Mânăstirea Zografou:
l-a coborât de pe stânca mânăstirii
în coşul pentru pâine şi peşte
apoi l-a ascuns în chilia lui de la mare

CONCERTO FOR VASILE THE MONK

On the radio, "The Imperial Concerto"
Beethoven is desperate to hear crickets sing
once more before he dies.

He lives in hiding as a fisherman
on the Danube, in Sulina.
From time to time
he crosses the ocean with me
and lives, still hidden
in the Poet's Cottage
on Malcolm Street, number 5.
He sharpens my pencils
turns on my computer in the morning
dusts my paintings
and cuts my lawn,
but most of all he prays with me.
And I read aloud
my son's letters,
new poems,
or moments from the lives of the monks.

Today I told him the story
of a Coptic monk, just seventeen
saved from the Ottomans
by Vasile of the monastery on Zografou:
he lowered him down the cliff
in a basket of fish and bread,
and hid him in his cell by the ocean.

iar când turcii au ajuns şi aici
l-a ascuns într-un sac
şi l-a purtat pe umeri, înconjurând muntele Athos
până la o depărtată chilie din pădure.

Tare s-au mai mirat călugării de forţa
bătrânului monah Vasile.
Acesta le-a zâmbit umil şi le-a spus:

„Fratele a fost mai uşor decât pana cu care scrie.
 Cuvintele în dreapta lor aşezare
 sunt aripi limpezitoare"

De când i-am citit această întâmplare
Beethoven insistă
să schimbe numele concertului său nr. 5
în E Major, opus 73 „Imperialul"
în „Concert pentru monahul Vasile"

When the Ottomans reached his cell,
he hid him in a burlap bag
and carried him on his shoulders, avoiding the mountains,
to a hut far away in the forest.
The monks were amazed
at the old man's strength.
He smiled humbly.
"The brother was lighter than the quill with which he writes.
Words set rightly
are wings of clarity."

When I read him this story,
Beethoven insisted
on changing the name of his concerto
Nr. 5 in E Major, opus 73, from "Imperial"
to "Concerto for Vasile the Monk."

Ovid Returns to Rome

CITÂNDU-L PE OVIDIU SÂMBATĂ SEARA

E simbata seară,
e mai, dupa ploaie.
Ei beau pe terasă şi povestesc despre încăpăţînarea bradului
de a ramâne în picioare,
despre topoarele lor tot mai leneşe

Am vrut sa-ţi scriu citându-ı pe Ovidiu,
ghicindu-i în poeme, în ochi, în palme, în cuvintele înfometate,
          în secundele-i mute
departarea de cea iubită . . .
Absenţa—un val urias întristându-ı, târându-ı la un ţărm străin.

Am vrut sa-ţi scriu
cînd el descrie femeile sciţilor
care ştiau cum să se preschimbe in păsări
şi tu ştii că eu port în sângele meu şi sângele lor
şi toate departările în aripi mi se adună.

Şi taietorii de copaci cum mai petrec
în noaptea asta de mai
când privigetorii îi e teamă să mai cânte,
când chiar şi-n pasăre preschimbată
nu te mai pot ajunge
de atâta mare
de atâta ocean
de atâta amar.

De atâta uitare?

SATURDAY NIGHT, READING OVID

Saturday night,
in May, a rain has passed.
They drink at tables outside the bar, marveling at the tree
too stubborn to fall,
and their ever-lazier axes.

I wanted to write to you, while I read Ovid
reading his eyes, his palms, his starved words, his moments when words
                    disappear
... the departure of the beloved ...
Absence, the enormous wave that saddened him, that flung him on this
            foreign shore.

I wanted to write to you
while he describes the Scythian women
who changed into birds
you know I carry their blood in mine

The lumberjacks revel in this May night
when nightingales are afraid to sing
when even if I changed into a bird
I could not reach you
over so much sea
so much ocean

so much bitterness
so much forgetting

TOAMNA ÎN ORAŞUL LUI OVIDIU

Tu, soldatul român, obosit
Cu chipul trist şi ars de un soare străin mie
Eu, intr-un internet cafe
încercând să-ţi sculptez absenţa.
Şi între noi trupul cenuşiu al cazinoului
Unde banii fac dragoste cu moartea
Şi casa de pe ţărm
Unde unchiul Liviu
îmi recita din Homer, Kavafis şi Blaga.

AUTUMN IN OVID'S CITY

You, Roman soldier, downcast
your face burnt by a foreign sun
Me, in an internet café
trying to sculpt your absence.
On the ground between us: the ashen corpse of the casino
where money makes love to death,
and the house beside the sea
where Uncle Liviu
reads to me
from Homer, Cavafy, and Blaga.

SCRISOARE LUI OVIDIU

De câte ori i-ai visat buzele calde
suflând peste trupul tău înghețat,
peste ochii tăi orbi de atâta așteptare.

Te-am cunoscut la Constanța,
am băut cele mai tari cafele
și am citit Arta Iubirii
pierzând toate trenurile spre București.

Flori de levănțică ți-am cules de pe mal
și flori de mușețel după ploaie
ți-am așezat la picioarele statuii,
învățându-te o noapte întreagă
din nou mersul pe sub stele.

E vremea să te întorci acasă,
în grădina ta mediterană
în care lumina înghite orice umbră.

LETTER TO OVID

You've dreamed of her lips so often
writing words of love on your tongue,
breathing over your frozen body
over your eyes
gone blind from waiting

I met you in Constanța
in the piața with your name
I drank the strongest coffee I could find
and read "The Art of Love"
while train after train went to Bucharest without me

I picked lavender from the riverbank
and brought you chamomile
I sat at the foot of your statue
an entire night, to teach you
to walk again, under the stars

It is time to go home
to your Mediterranean garden
where light consumes all shadow.

PIAȚA OVIDIU

Uneori mă învârteam
în jurul aceleiași statui
Cu lacrimi de gheață.
Și îi lăsam la picioare un plic verde
Cu o poezie.

Alteori îi lăsam câte o ceșcuță albă
Plină cu cafea expresso.

Alteori coboram pe strada îngustă
Pe lângă Casa cu Lei
Până ajungeam la un mic hotel
Din care ieșeau valuri de jazz.
Dincolo de ferestrele mici, aburite
Ghiceam umbra lui Eminescu valsînd singur
Pentru prima și ultima oară
în față marii.

Am făcut atâtea promisiuni
De care nu m-am ținut
Dar cea care nu-mi dă pace
E cea pe care i-am facut-o
în secret lui Ovidiu:
Să-1 duc inapoi, la Roma
Sau măcar să-1 urc pe un vapor
Care pleacă spre Mediterana lui.

PIAȚA OVID

Sometimes I wandered around this statue
with frozen tears
and left a poem at his feet
folded inside a green envelope

Other times, I left a white demitasse
brimming with espresso.

Other times, I walked the narrow street
past the House of Lions
to a small hotel,
waves of jazz washing through the door
Beyond the fogged-over windows
I spied Eminescu's shadow, waltzing alone
for the first and last time
along the sea.

I have failed to keep
many promises
but one will not leave me alone:
the one I made, in secret
to Ovid:
to take him back to Rome, or at least
to put him on a ship
bound for his Mediterranean Sea.

Uneori mă învârt in jurul
Aceleiasi statui
cu lauri înghețați
Asezați direct pe sufletul poetului
Ca o vrabiuță zgribulită visând
O livadă cu lămâi şi portocali.

Şi aceleasi umbre îşi dau timide mâna
Peste vapoarele din port, peste cazinou
Peste reclama de Coca Cola
Din Piața Ovidiu unde un cerşetor
Cântă la acordeon:
„Mai am un singur dor
în liniştea serii
Să mă lasați să mor
La marginea marii . . ."

Sometimes I wander around
this same statue
with frozen laurels
resting directly on the poet's soul,
a sparrow that trembles while it dreams
of an orchard of lemons and oranges.

And the same shadows hold out timid hands
over the ships in port, over the casino
over the Coca-Cola billboard
in Piața Ovid, where a beggar
plays the accordion.

VÂSLA MEA DE ACUM

O car cu mine peste tot.
Mai ales pe uscat. Prin păduri.
Prin aeroporturi. Prin gări.

Fiul mi-a pictat-o toată, toată
Cu flori şi cu fragi
   „să te bucuri, mama,
     vâsla ca tine nu mai are nimeni!"

Uneori ea chiar cântă.
Un solo pentru trompetă
Sau un adagio pentru violoncel.
Tulburator mai cântă vâsla aceasta
Înmuiată în atâtea ape: Dunare, Susquehana, Ohrid, Mississippi
În sfârşit Marea Neagră.
„Şi Mediterana" îmi şopteşte ea
de din umbra unui leandru
din faţă frizeriei
de pe strada Dr. Carol Davila
colţ cu Dr. Victor Babeş.

Iar eu mă întreb tot mai des
Dacă am avut vreodată cu adevarat o barcă.

În peninsula din Constanţa când ajung
Ovidiu îmi şopteşte mereu, încă de la gară
   „Împrumută-mi vâsla ta
     vreau atât de mult să ajung acasă."

MY OAR

I carry it everywhere.
Especially over land. Through forests.
Airports. Train stations.

My son painted flowers and strawberries, all over
  "Be happy Mama,
   no one has an oar like you!"

Sometimes it makes music
a trumpet voluntary
or adagio for cello
and how it shakes
Wet with so many waters: the Danube, Susquehanna, Orhid, Mississippi
and finally, the Black Sea.
"The Mediterranean, too," it whispers
from the shadow beneath a birch tree
in front of the barbershop
on the corner of my street.

I wonder more and more often
if I've ever had a boat

On the peninsula of Constanța
before the train stops in the station
Ovid starts whispering,
  "Lend me your oar, please
  All I want is to go home"

ANATOLIA, BUCOVINA, TRANSILVANIA, MOLDOVA

În voi răsună cântări bizantine mai vechi decât Bach
Şi timpul domol pe dealurile voastre scrie.

Vecernii-magnolii scuturate în sufletul pribeag
Şi băiatul care sărută orice lingură căzută pe jos
Şi işi închină seara perna
Şi ziua farfuria cu mâncare
El care odinioară purta haine scumpe
Acum urcă muntele desculţ
Şi ridică la răscruci câte o troiţă.

Anatolia, Bucovina, Transilvania , Moldova
Şi drumul iconarilor străbătându-vă satele
Şi acelaşi băiat cântă din fluier, el cel atât de îndrăgit
De păsările şi urşii şi lupii
Pe care îi învăţase a vorbi
De răsunau mările, insulele şi pădurile de „Tatăl Nostru"
Iar visele toate le scrisese cu „Bucură-Te Marie,"
Ca să nu se rătăcească calea şi călătorii.

„Anatolia -vopsea de ouă," scrie pe plicul micuţ
şi norul cel roşu, verde, albastru, galben
în care voi scufunda ouăle în Joia Mare.
Deasupra lor vor răsuna apoi
cele mai tainice şi trainice cuvinte ale anului

HRISTOS A ÎNVIAT!
ADEVĂRAT A ÎNVIAT!

EVIA, BUCOVINA, TRANSYLVANIA, MOLDOVA

You resound with Byzantine voices older than Bach
and time writes tranquility on your hills.

Vespers—magnolia petals scattered over a wandering soul
And the boy kisses spoons that fall from the table
At nightfall he crosses his pillow
at daybreak he crosses his plate of food.
He who wore Italian shoes
now climbs mountains barefoot.
For travelers at the crossroads,
he builds a roof over a cross.

Evia, Bucovina, Transylvania, Moldova
and the path of icon painters echoing through your villages
And the boy plays the flute, so in love
with birds, laurels, bears and wolves
whom he has taught to speak
to make oceans and islands and fields resound with Our Father
And across every dream he has written "Mary, rejoice!"
so wayfarers will not lose the Way.

Anatolia Egg Color: written on the little packet
and the clouds, red, green, blue, yellow
where the eggs will bathe on Holy Thursday.
Above them echo
the most holy words:
>   Christ is risen!
>   The Lord is risen indeed!

Şi acelaşi băiat e acum în stupina Mânăstirii
Şi înmulţeşte rugăciunile peste ceara lumânărilor,
peste albine, peste iarbă, peste stele şi lume
după rânduiala gramaticii sufleteşti.

El cel care cunoscuse tăcerea cea zămislitoare
Şi tihna din cuiburi şi de sub aripi
Şi ţinuse postul tăcerii în Sfântul Munte
îsi meştereşte acum
Din lemnul unui stup străvechi
O cruce.

And the same boy now sits among the monks' bee hives,
he multiplies his prayers above candle wax
above bees, above grass, above stars and planets
following the grammar of his soul.

He who knew the sound and fury of the world
—but also its pregnant silences
and repose of nests, beneath wings
in the cells of the Holy Mountain—
whittles the old wood of an oar
into a cross.

POEM CU PORTIȚA DIN LEMN DE MESTEACAN

În pustia de lângă Iordan
Se ruga Maica Magdalena.
Pe brațele ei se așezau păsări
Când ea rostea Psalmii.
Nopțile prea reci le petrecea
Pe o scândură așezată
între ramurile unui batrin eucalipt.

În vis ea deschidea
Tainica portița din lemn de mesteacăn
Spre gradina părintească unde îi zarea
pe toți pentru care se ruga, vii sau morți

Și Moldova ei și mânăstirile
Și dealurile și îngerii
Ca niște luminări neadormite
Ca niște focuri în zapadă
Se așezau cuminți, lângă ea
între ramurile bătrânului eucalipt.

POEM WITH BIRCH GATE

In the desert near Jordan
Mother Madeline kneels down.
Birds alight on her arms
while she recites psalms.
She spends the icy nights
On a wood plank, wedged
between the branches of an old eucalyptus

In a dream, she opens
the mysterious birch gate
and enters her parents' garden, where she sees everyone
who prays, living or dead

and her Moldova, and its convents
and the hills and angels
like sleepless candles
like fires in snow
alight, softly, beside her
between the branches of an old eucalyptus.

O GRĂDINĂ SAU MĂCAR UN VIȘIN

E un pește
Care-și crește peștii în gură.
Lipsindu-se
De cele ale hranei.

Cum aș putea cu rugăciunea
în gura mea cea păcătoasă
Să cresc o sfoară de grădină
Sau măcar un vișin
Hrănindu-l doar cu luminate,
Luminânde cuvinte.

Uitând pentru o vreme
de lume

Întrucât
Așa cum ne spune Sfântul Isaac Sirul
„Cela ce de frumusețea rugăciunii s-a atins
va fugi de mulțime ca un asin sălbatic."

A GARDEN, OR JUST A CHERRY TREE

There is a fish
that keeps its young in its mouth

How can I hold a prayer
in my sinner's mouth
And grow a garden
or just a cherry tree

Forgetting for a moment
the world

As much as Saint Isaac Sirul—
"Whoever touches the beauty of prayer
will flee from the crowds like a wild ass."

ZĂPADA DE LÂNGĂ SCHIT

Ce animal tânăr târau prin zăpadă vânătorii?
peste iarba înghețată, ne mai îndrăznind înălțarea,
peste râul mai rece decât pântecele albastru al nopții,
peste peștii amorțiți în vis.

Ce cuvinte organe, rămase, în sângele dinspre ziuă
când nimeni nu mai știe
dacă iarna vine sau pleacă
se scriu singure pe zăpadă?

Tot ceea ce cunoaștem
ceea ce se repetă
e mut.

Doar gura roșie a tainei
vorbește
și ne ține în viață.
Doar urmele acelea de pași
ce duc spre schit
salvează înca o dată
animalul cel tînar
din mâinile vânătorilor.

SNOW OUTSIDE THE HERMITAGE

What young animal pulled hunters through the snow?
through frozen grass, afraid to raise its head
over the river colder than the night's blue belly
over fish gone numb in a dream.

What orphaned words—swimming in the blood before dawn
when no one knows if winter
advances or retreats—
write themselves in the snow?

All we know
is mute.

Only the rosy mouth of mystery
speaks
and keeps us alive.
Only these footsteps
advancing on the hermitage
save the young animal
again, again
from the hands of hunters.

Balkan Golgotha

SCRISOARE CĂTRE FIUL MEU MIHNEA-DAN

Mi-e atât de dor de mare
dar nu de orice fel de mare, ci de Mediterana
de spiritul ei unic şi falnic
asemeni unui chiparos
ce răzbate până în casele din Mangalia, Eforie Sud,
Olimp sau Balcic.

Mi-e atât de dor de nucul sădit de bunicul tău,
cu umbra lui verde şi melodioasă
şi puternică asemeni unui colac de salvare de pe un transatlantic.

Mi-e atât de dor de Beethoven
pe când asurzea compunând
 cu ochii aţintiţi spre o mare
nuimai de el văzută
şi salvată de tobe şi de viori celeste.

Celestina era numele meu
din grădina cu leandrii şi portocali
pe când vieţuiam în vila Giulia
şi trupul mi-l îmbăiam în roze şi uleiuri de Smirna
iar baldachinul meu era susţinut de coloane de porfir
până ce am descoperit uşa cea strâmtă
cu semnul peştelui
scris de o mână de copil.

Şi soarele e o explozie de galben
precum Psalmii citiţi

LETTER TO MY SON, MIHNEA-DAN

I long for the sea
Not any sea—the Mediterranean
Unique, haughty as a cypress
Connecting Mangalia, Eforie Sud, and Balcic
I long for the shadow
of a walnut tree, dark green, like a lake pierced by sunlight
Powerful like an ocean liner's life-preserver
or a chord from Beethoven gone deaf
his eyes on a window, fixed on a sea
that he alone sees and saves with drums and celestial violins.

Celestina was my name in the garden of oleander and oranges
When I lived in the Giulia House
And bathed in rose petals and oil from Smyrna
under my baldachin archway, held by columns of crystal and stone.

Then I discovered a narrow gate
under the sign of a fish drawn by a child.

The sun is a yellow explosion, like psalms read aloud
on the Mount of Olives

or the sweet sunlight of a cafe on Mount Olympus
where I read Voiculescu and Ellytis
who whispered to me from his house on Skoufa Street, number 23:
"Olive orchards and grape vines until the far-off sea
Red fishing boats and the farther off memory

pe Muntele Măslinilor

sau dulcele soare de pe terasa din Olimp
sub care-i citeam pe Voiculescu şi Ellytis
care-mi şoptea din casa sa de pe str. Skoufa nr. 23:
„Livezi de măslini şi podgorii până departe la mare
Bărci roşii pescăreşti şi mai departe până la amintire
Adâncuri aurii ale lui August în somnul de după-amiază
Cu alge şi scoici. Şi acea corabie verde
La prima-i ieşire în larg citind în pacea apelor din golf: mare e Cel de Sus"

sau soarele cu subţirateca-i lumină
din Sibiul meu pe când mă rugam.
Gingaşul prapur despărţind
partea de sus de partea de jos a trupului
e un altfel de soare
despărţind fiara din oraşul de jos
de gingaşul înger
din oraşul de sus.

Şi ancora rugăciunii aruncată în ape tot mai adânci
şi bunul Păstor cu mielul pe umeri
salvând pe ultimul fiu risipitor.

Şi mâna însângerată a sultanului
pe cupola bisericii Sfinta Sofia
el, cel căţărat cu cal cu tot
pe movila din trupurile ucise ale atâtor creştini
în dimineaţa aceea fără de mare şi fără de cer
când ostaşii lui au întrerupt Liturghia
cu săbiile şi cu urletul barbar al morţii

Deep golds of August in afternoon sleep
With algae and snails. And that green ship
The first to set out over the peace of the gulf: great is The One Above"

Or the frail light of Sibiu, where I prayed.
The soft belly that separates the upper body from the lower
is also a sun
Separating the wild animal of the lower city
from the delicate angel
of the city above.

Prayer, an anchor tossed into bottomless waters
And the Good Shepard, with a lamb across his shoulders
saving the last prodigal son

And the sultan's hand print in blood
on the ceiling of Santa-Sofia.
He stood in his stirups
on top of a mountain of murdered Christians.
In a morning without a sea, without a heaven
When soldiers broke in on the liturgy
with swords and barbaric cries of death,
the wall opened and the priest and the holy gifts
entered the maternal stone
where he celebrates the Holy Liturgy in eternity

All waves, for this reason
bring the breeze that speaks for the body and blood of the Lord

Lent
and the boy sits motionless before a candle

iar zidul s-a deschis și preotul cu Sfintele Daruri
a intrat în piatra maternă
și acolo de veacuri săvârșește el Sfânta Liturghie,
de aceea pe toate țărmurile mărilor
valuri aduc adierea cuvintelor purtătoare de sângele și trupul Domnului.

E postul mare.
Copilul șade în fața candelei
și silabisește: Daniel înseamnă judecata lui Dumnezeu.
Departe, în timp, tânărul sfânt e coborât în groapa cu lei
și soarele e roșu,
sânge curge din aripile heruvimilor
iar Efrem Sirul aplecat peste această scenă cu martir
începe să scrie în chilia-i de sub munte
cu o peniță foarte subțire:

„Postitorul a fost azvârlit fiarelor și mireazma postirii lui s-a revărsat în
groapă. Murmurul tăcut al rugăciunii a biruit mugetul înfricoșător al leilor.
Suspinul cererii lui a făcut nelucrător mugetul lor. Glasul celui smerit a
slăbit leii cei tari. Rușinate au fost fiarele de postul și smerenia lui Daniel".

"'Daniel' means 'the judgment of God,'" he whispers.
Faraway in time, a young saint is lowered into the lion's den
And the sun is red, blood covers the wings of cherubs.
Efrem the Syriac, bent over this martyr's scene
in his cell under the mountain, begins to write
with a long, thin quill:

"The fasting one was thrown to the beasts, and the scent of his fast filled
the pit. The quiet murmur of prayer overcame terrifying roars of lions. The
whisper of his thoughts kept their throats from speaking. The voice of the
humble weakened the voice of the strong. The beasts were shamed by the
discipline and humility of Daniel."

POEM CU AFINE, CU CEAȚĂ ȘI SIBIU

> „A quois bon quitter Coasta Boacii?"
> —Emil Cioran

Cobor încet pe strada Balului
cu un coș de afine și o carte
„L'inverno: maestoso ..." șoptește Vivaldi
din casa lui cu bufnițe în ferestre.

Azi mâinile-mi miros a ceață, a cetină și a noapte
căci au atins o stea căzută
de aceea port pe degete inele
și-n păr beteala ultimei comete.

Lângă mine merge un tânăr
încovoiat sub coșul lui cu afine
din buzunare îi curg poeme
și-mi spune trist în burgul dinspre ziuă:
„Nu pot citi oricum și oriunde, doamnă
o poezie de Nichita
`că doară nu-i rețetă
rostirea ei e un fel de brad țâșnind spre veșnicie"

Dinspre Cindrel când suflă „mâncătorul de zăpezi"
visez afinele și vara și oastea mea
de vorbe cristaline

Cu genunchii îmbujorați de frăguții din rariști
cobor cu gândul la feriga ce respiră

POEM WITH BILBERRIES, FOG, AND SIBIU

"a quois bon quitter Coasta Boacii?"
—Emil Cioran

I saunter down Bal street
with a book and a paper cone of bilberries
"L'inverno: maestoso . . ." whispers Vivaldi
from his house with an owl perched in the window.

Today my hands smell like fog, fir, and night
because they touched the embers of a fallen star
that's why I'm wearing rings
why I have tinsel from a comet in my hair

A young man walks beside me
with a basket of bilberries
Each step shakes loose poems from his pockets.
And he admits, in this town, near dawn:
"I can't do it, ma'am, just wherever, whenever, drop everything
and read a poem by Nichita.
They aren't a cake recipe.
Just to say the words out loud is like watching a tree sprout toward eternity."

They call it a snow-eater, the wind that blows toward Cindrel
I dream of bilberries and summer.

My knees are blushing with wild strawberry stains
when Cioran appears

doar la umbră, în taina pădurii,
departe de tobe și fanfare.

Cobor pe cărarea cea șerpuitoare
Ca o ploaie de ivoriu în noapte.

Și coșul mi se varsă peste lume
Și atunci își face apariția o umbră,
Cioran cu buzele pătate de ultimele afine

Și scrie în aer , în frageda lumină de sub munte:
„proporția dintre bucurii și dureri
 devine armonie."

a shadow with lips stained red from berries,
and he writes on the air, on the fragile light under the mountain:
"The balance of happiness and pain
is harmony."

SOLO PENTRU VIŞIN

Deşi e foarte tânar,
Doar 6 ani—vârsta despartirii noastre—
El, vişinul, stăpânul curții, atotştiutor
Se poartă ca un bătrân sfetnic
Al răsăriturilor şi al apusurilor
Dar şi al trandafirilor galbeni
Şi al steviei şi al hreanului
Şi al stelelor reci, anonimii lui vecini
Şi ai celor 5 pui de pisică
Ce învață să vîneze
Ascuțindu-şi gherutele mici dar puternice
De trunchiul lui nobil şi visător
Asemeni lui Cehov când scria „Livada cu vişini"

Pe sub el trece o frânghie
Pe care flutură când rochile mele
Când camaşile fiului,
Când se odihneste cîte o pasăre în triluri extatice.

Azi mi-am sprijinit puțin scaunul
Sau viața mea?
De trupul lui lemnos
Şi capul mi l-am lăsat pe spate încet
Sub ramurile-i pline de vişine
Dar şi de vița ce l-a înlănțuit
Tandră şi acapăratoare.

Ce amestec ciudat de struguri verzi
Şi mici globuri roşiatice

SOLO FOR CHERRY TREE

Even though it's young,
just six, as old as our separation
The omniscient cherry tree, master of the courtyard,
hunches over, like an aged majordomo
who serves sunrises and sunsets
yellow roses
horseradishes
his neighbors, icy stars
and the five kittens
learning to hunt
who sharpen their tiny, powerful claws
on his visionary trunk.

A clothesline passes under its branches
my dresses flutter
and my son's shirts
and a bird rests, trilling in ecstasy

Today I leant my chair
against its wooden torso
and let my head fall backward, slowly
beneath the branches full of cherries
and grape vines twining through,
tender conquerors

Strange combination—green grapes
and little, rosy globes,
a folk painting of the sky

—un cer pictat naiv
direct deasupra foii mele de hârtie
şi ce răsfăţ văratec pentru poemul
ce creşte încetişor în acest décor
cù mierle şi pescăruşi fără de mare.

Deodată îi simt tresărirea
Sub pala de vânt
Şi-i văd catarg pe o corabie albastră
Pe care petrec anii mei şi întâmplările lor
Cu Sibiul cel mângâietor
Cu apoldul cel tainic
Cu louisville-ul unei primăveri perfecte
Cu lăutari şi cu mese încărcate
Cu sarmale, cu icre şi ciorbă de crap.
Miroase a lemn ars spre seară, a mămăligă şi a lapte
Şi a dealuri cu focuri şi fete cu coroniţe de sânzâiene
Dansînd la întrecere cu flăcările

Balcanii mei mustoşi şi mustăcioşi
Ridicaţi la ceruri pe umeri de sfinte mânăstiri
In care Psaltirea nu se opreşte niciodată
Altminteri s-ar umple lumea de nenorociri

Ah, cîte vieţi apasă pe umerii vişinului meu
Şi câtă umbră, câtă răcoare aduce el
În anii mei de acum
Din bucureştiul sufocat de soare şi de praf.

Azi noapte cînd am deschis fereastra
Dinspre vişin se auzea o vioară

hanging over my stack of blank paper
a summer pampering for this poem
slowly growing in this scene,
with ravens and seagulls far from the ocean.

Suddenly, I feel it wake
pulled by a light wind
I see the tree is the mast of a blue ship
sailing with the history of all my years
with motherly Sibiu
with Apold the mysterious
with Louisville and its perfect Spring
with musicians and tables loaded
with sarmale, caviar, and fish soup.
It smells like a wood fire at dusk, like mămăliga and milk
and hills and bonfires and fairy-crowned girls
dancing through the flames.

My Balkans, musky and mustachioed
lifted to the heavens on the backs of its monasteries
reciting the psalms continuously
lest the world fill with evil

In a Bucharest smothered by sun and dust,
I opened my window
and from the cherry tree I heard
a violin.

LANTERNA PIERDUTĂ ÎN GOLFUL CU MIGDALI

Ce aş putea rosti în acest ceas târziu
decât o rugăciune,
acum când ascult Oratoriul Bizantin
şi mă gândesc la Balcanii mei
dezmosteniţi de o soartă mai bună.

Aş mai întinde o dată năvodul
cu pescarii de pe scufundata insulă Ada Kale,

aş mai bea o cafea la nisip
cu Steriadi, cu Tonitza, cu Iser şi Darascu
la cafeneaua lui Mamut din Bălcic.
Si-n drum spre casă
aş întinde mâna după o smochină,
sau după o rodie
şi atâtea umbre mi-ar acoperi mâinile
cu săruturi, cu implorari
de întoarcere
în Golful cu migdali
unde aurul clipei mele
i-aş schimba bucuroasă
cu floarea aceea gingaşă
numită de romani „Scăriţa muntelui"

Şi vorbele paznicului din Ohrid
„Dacă vă aştept traiesc mai mult"

sunt ca o mică şi devotată lanternă

LANTERN LOST IN THE GULF OF ALMOND TREES

I listen to the Byzantine liturgy
and think of my Balkans
bereft of a better fate.

I would like to pull in the nets again
with fisherman from the sunken island of Ada Kale

I would like to sip Turkish coffee with painters
Steriadi, Tonița, Iser, and Dărăscu, in Mamut's café, in Balcic.
Walking home,
I held out my hands beneath a fig tree
or pomegranate
to let that shadow wet my hands
with kisses, with supplication
begging me to take him back
to the Gulf of Almond Trees.

And in Ohrid, the night watchman tells me
"Waiting for you makes me live a little longer."

I go back to my Sibiu
where Liszt and Strauss still give piano recitals
where Haydn composes his Sibiu Symphony.

I go to Valea Aurie.
A hunter walks with me
under oaks, lindens, and walnut trees.
He says, "sometimes, in the forest, even I am too much."

care-mi luminează drumul
prin pădurea surdă
în care nici cînt de pasare nu rasună.
Și deodata, deasupră casei de pe Valea Cosaului
văd un nor
care vine din ograda vecinului
semn că vacii lui i s-a furat laptele
spun batrînele din sat.

și eu obosită de toate aceste povești,
mă întorc în Sibiul meu
unde Liszt și Strauss încă mai dau concerte de pian
iar Haydn încă mai compune „Simfonia sibiăna"

Ah, Plaka cu strazile tale din vecinatatea zeilor
spre ține îmi întorc ocheanul azi
din casa mea de pe stradă Manejului colt cu stradă Barbierilor
steagul de vînt de pe acoperiș încă mai șuiera poeme peste oraș
în timp ce Bregovici
sare pe fereastră direct în mijlocul camerei mele
și se instalează la masa mea
si-mi spune că nu va mai pune nimic în gură
pînă ce nu va isprăvi muzica
pentru un nou film despre Balcani,
despre migdali și munți și praf de pușcă
iar eu îi fac semn să o ia spre Tirgu Jiu
„te așteaptă acolo masa tăcerii cu Brîncuși și toți prietenii
și o mămăligă fierbinte și o farfurie plină ochi cu lapte
și mai sus, pe aceași strada Coloana Infinitului
pe care-ți poți răstigni obsesiile, zi și noapte
la dispoziția ta și a Balcanilor nostri neliniștiți

precum o turmă de oi
gonită de lupi pe o coastă de munți în Macedonia."

Dar el, Goran nu pleacă nicaieri
aşa că-i las singur în casă cu muzica lui
şi plec în Valea Aurie.
un vânător merge o vreme alături de mine
printre stejari şi nuci şi tei
si-mi spune: „Câteodata, prin pădure şi eu sunt prea mult."

COSTA GAVRAS LA BUCREŞTI

„Costa Gavras cumpără valize din anii 50" anunţ la ziar

Valiza tatei când venea la Sibiu
era plină cu cărţi, cu câteva cămăşi ieftine
şi jucării pentru mine.
Până şi umbra lui strălucea de tinereţe
lustruind luna şi zidurile vechi
iar ploile conteneau ca prin minune.

Mica lui valiză care peste ani
avea să poarte câteva etichete
cu Praga, cu Odesa, călătoriile lui
de care era atât de mândru.
Valiza aceasta avea să stea
pe toate dulapurile noastre
din apartamentele în comun de pe Mântuleasa,
Sfântul Ştefan, Ştefan Furtună şi Frederic Joliot Curie.
Mama o ştergeacu grijă de praf
în ea ţinea vara căciulile de iepure făcute de tata
şi manşonul de catifea vişinie al bunicii
cu decoraţiile bunicului.

Apoi, ca orice lucru
care cu anii devine inutil
chiar inestetic
valiza a luat drumul podului
din casa de pe Victor Babes nr. 20
umplută ochi cu scrisorile mamei
şi ale tatei.

COSTA GAVRAS IN BUCHAREST

"Costa Gavras buys 1950s suitcases"—newspaper ad

My father's suitcase, when he came home to Sibiu
was always full of books, a few cheap shirts
and a rag doll, for me.
His silhouette shone with youth,
like a miracle
between the lustrous moon and cracked walls,
under ceaseless rain.

His little suitcase aged along with him.
My mother carefully wiped the dust away.
In Summer, she kept rabbits inside
on my grandmother's blouse of cherry velvet
and my grandfather's medals.

Costa Gavras buys old suitcases
for his film, "Eye-Witness."
But I cannot imagine
selling my father's suitcase
even now as it decays in the attic
witness only to the wind and the toy piano
where our cat performs with stunning skill.

Costa Gavras believes the people of Bucharest
will sell him their suitcases
with their pasts sealed inside,
and he will pop them open like champagne bottles

Costa Gavras e la Bucureşti
şi cumpără valize vechi
pentru filmul lui „Martor ocular"
iar eu mă gândesc
că nu aş putea niciodată vinde valiza tatei
chiar dacă ea se iroseşte acolo sus, în pod
martoră al jocului de a vânatul şi vânătorul
pe care pisica noastră îl exersează perfect.

Costa Gavras crede că bucureştenii îi vor vinde valizele lor vechi
cu trecutul lor cu tot, bine sigilat în ele
iar deschizându-le ca pe nişte sticle de şampanie
le va sorbi, absorbi trecându-le în lutul filmului său.
Grecul din el are nevoie de asemeni retorici balcanice,
de un asemenea skandenberg cu trecutul.

Cineva i-a adus lui Costa Gavras
un acordeon. În loc de valize.
în loc de anii 50. Şi o farfurie cu mici.

to pour into the clay of his film.
He needs this Balkan rhetoric,
this arm-wrestling with the past.

Someone bought Costa Gavras
an accordion. Instead of a suitcase.
Instead of the 1950s.
And a plate of mititei.

HOTEL BALCANI

În ordinea lumii
între crema de ciuperci şi ciorba de burtă
e doar o diferenţă de gradaţie.
Ca între un pâlc de viorele şi butucul măcelarului
din Piaţa Matache.

Între aceste mici realităţi ale zilei de octombrie
citesc poezii, corectez versuri,
adaug câte un verb sau şterg un adjectiv.
Afară plouă temeinic, afară trec coloanele greviştilor.

La o masă vecină un poliţist
între două sarmale explică
fetei cu rujul ce depaseşte cu mult
conturul cândva serafic al buzelor ei
că: „Toate trec. Guverne, anotimpuri, mode
doar poliţia e eternă."
Şi-n acest răstimp la casa de schimb din colţ
are loc un jaf armat.
Şi deodată -mi amintesc de ultima dorinţă
a lui Alexandru Machedon: să i se dea două găuri
în sarcofag prin care să i se lase afară mâinile goale
să vada toţi ca nu ia NIMIC cu el!
Manualul de istorie al acestui colţ de lume
ignoră cu desăvîrşire toate aceste mici întimplări
explicând doar marile batalii ce s-au dat aici.
Cât despre mine aştept să se facă ora 4
să-mi ţin cursul de poezie

BALKAN HOTEL

In the great chain of being,
between tripe soup and cream of mushroom
there's just a difference of degree.
Like that between a bouquet of violets and the butcher's block
in Piața Matache.

Between the mini-realities of October days
I read poems, I revise a line
add a verb, erase an adjective.
Outside the rain is steady
Outside pass columns of striking electricians

At a table nearby, a policeman explains,
between bites of sarmale,
to a girl whose lipstick runs far outside
the once angelic contour of her lips,
"everything passes. Governments, seasons, fashions,
only the police is eternal."
At this moment the exchange house on the corner
is held up at gunpoint.
And suddenly I remember the last wish
of Alexander the Great: a hole
for his hands on both sides of his coffin
so everyone would see he took NOTHING with him.
The history books in this corner of the world
ignore little events like these
while they concentrate on great battles for land.
As for me, I'm waiting

şi mai ales să ies cât mai repede
din acest bistrou bucurestean
şi din manualul de istorie,
să fac primii paşi în Grădina Icoanei
cea înconjurată de un teatru, de o şcoală,
de o biserică, de o statuie
şi de o bancă invizibilă şi nejefuibilă
unde doar faptele bune mai aduc dobândă.

PS, cât despre bani ştiţi cum se numeau
odinioară?
„ASPRII"

într-o cameră din hotelul BALCANI
el îi face ei cadou bijuterii de 6 milioane de lei.
Ca să-i zimbeasca cu dinţi de aur.
în alta cameră el îi cere ei cerceii înapoi
„Aseară ţi-am luat cercei
şi azi te văd fără ei"

to teach a poetry class at four
and to escape, as soon as possible
from this Bucharest bistro
and the history books
to take my first steps in the Garden of Icons
between a theater, a school
a church, a statue,
and an invisible bank
where only good deeds earn interest.

In a room in the Balkan Hotel
he gives her 6 million lei worth of jewelry
so she will smile with a full set of golden teeth.

POETUL DE LA RĂSĂRIT

El cară saci cu seminţe pentru porumbei
şi saci cu cărţi pentru antologii de poezie
şi plimbă o oglidă ca o lupă
peste vieţile sfinţilor

pe el nu-l caută nimeni
de aşteptat îl aşteaptă mereu câte ceva, câte cineva
un poem neterminat, o tălmăcire din greaca veche
un roi de fluturi,
nenumărate ceşti cu cafea
şi mai ales porumbeii

uneori îl sună un călugăr
să-i spună ce păsări au mai sosit în insulă

din pridvorul casei părinteşti
el priveşte şi acum mersul stelelor
şi al mamei

de atâta cer i s-au albăstrit încălţările.

POET FROM THE EAST

He carries sacks of seeds to feed the doves
and sacks of books for anthologies of poetry
He examines pages of the lives of saints
reflected in a mirror

No-one visits
He waits, as always, for something, someone
an unfinished poem
a cloud of butterflies
countless cups of coffee
and doves, above all

A monk calls once a year
to say the birds have arrived on the island

On the porch of his parents' house
he watches the paths of the stars
and his mother coming home

So much heaven has turned his shoes blue.

COPACUL CARE FACE ŞI PRUNE ŞI CAISE ŞI NECTARINE

dacă masa e în formă de corabie
în catalogul de primăvară
şi tot în acest abis al luxului
farurile mărilor servesc drept termometre,
pietre pentru alei
sau casete pentru CD-uri

dacă la picioarele cailor
luna se scaldă
în iarba în care cîndva au înotat iubiţii
iar tânărul filozof s-a apucat de poezie
intrând în bucuria cuvintelor

dacă în această primăvară americană
acelaşi pom care costă doar 11 dolari
face şi prune şi caise şi piersici şi nectarine
iar cuvintele sunt asemeni focurilor de artificii
deasupra zăpezii: ademenitoare, insinuante, de neatins
toate acestea se întîmplă
pentru că la Bucureşti
un bătrîn poet
încă îşi mai ascunde de nevastă
poeziile în tocurile pantofilor
şi suspină la fiece pas
azi, un uliu l-a privit în ochi
şi el care de mult nu mai zboară
a îngenuncheat
să se roage.

THE TREE THAT MADE PRUNES AND CHERRIES AND PEARS AND NECTARINES; AND THE POET FROM BUCHAREST

If this table is shaped like a boat
in the spring catalog,
and in this same abyss of luxury
lighthouses serve as thermometers, footstones
and cd-shelves

If the moon is swiming around the house's foundation
in the grass where lovers swam,
and a young philosopher takes up poetry
and cuts his wrists in excessive respect
for the word "happiness"

If in this American spring
this tree only costs eleven dollars
guaranteed to make prunes and cherries and pears and nectarines
and words explode like fireworks over the snow
warning, insinuating, untouchable

All this happens
because an old poet in Bucharest
is afraid of his wife and hides
his poems in the heel of his shoe,
and gasps with every step.

CUTIA DE IENUPĂR

În pacea fagurilor
am străbătut Moldova
povestind în gând
marea Sagă a Nordului.

Râul-Mama din Tartu
şi apa-i încuiată
de cei proaspăt căsătoriţi
cu lacătele acelea caraghioase
mai tinere sau mai bătrâne
legate de pod,
cu cheile aruncate apoi în râu? în rai?
pentru trăinicia iubirii lor
şi tămăduirea apelor

       sau

povestea copacilor,
a cercurilor din trunchiul lor chilug
de după tăiere:
fericirea se află în depărtarea
dintre cercuri,
nefericirea în apropierea lor prea mare
—acestea se văd mai ales
în cutia de ienupăr,
în ochiurile ei înmiresmate şi plânse

    şi

JUNIPER BOX

In the peace of honeycombs
I travelled Moldova
recounting to myself
the great sagas of the north.

The Mother River in Tartu
and its waters locked
by newlyweds.
The new and old
comical lockets
clasped to sides of the bridge,
their keys thrown into the river
for the long-life of love
and the water's health.

                  or

The story of trees,
the eyes of their shaved trunks
after cutting:
happiness is the distance
between the rings
unhappiness, their proximity.
You can see the eyes
of the juniper box,
married and sad

                  and

Doris şi povestea ei
despre limba estoniană
şi cum a vorbi
se spune la ei: „A sta în palma soarelui"

                şi

vânzătoarea din buticul Evei
care mă îndemna
să cumpăr inelul cu chihlimbar:
„Veţi avea toată viaţa
   pe inelar
   un strop de miere
   din pădurile noastre de mesteceni."

Doris and her story:
In Estonian,
"to speak" is
"to sit in the palm of the sun"

and

The shopgirl who wanted
me to buy a ring made of amber
"For the rest of your life
you will have on your finger
a drop of honey
from our birch forests."

CÂTE PUȚIN DESPRE FRICA

Frica îmbatrânește în casa toboșarului.
El care anunță nunțile și darile.
Atât de mică se face frica,
până ajunge o cireașă cazută în bucătăria de vară
cu care se joaca pisica.

ON FEAR

Fear grows old at home with the town crier,
who announces weddings and taxes.
Fear has grown as small
as a cherry on the floor of the kitchen
batted by a cat.

INSTANTANEU

Despre tarhon, mărar și Ibiza
nu pot scrie la fel.
despre izvor, ienupăr și iarnă
pot scrie la fel.

cât despre canton, cuprindere și clopote
pot scrie la fel
doar dealul și îngerul.

SNAPSHOT

About dill, tarragon, and Ibiza
I cannot write the same way.
About jets, juniper, and January
I can.

About roundhouses, surroundings, and sleighbells
the only ones who write the same
are hills and angels.

AMURG CU GRADINĂ ÎN SIBIU

lui Conrad Hass

După ce culegea agrişe şi coacăze
se întorcea din grădină
şi fredona uşor Muzica Apelor
Conrad se aşeza la masa de sub fereastră
şi cu degetele pictate de tinerele fructe
desena prima rachetă cu trepte
din lume.

FOG WITH A GARDEN IN SIBIU

for Conrad Haas

After he had picked peaches and berries
he came back from the garden
and softly whistling "Water Music"
Conrad sits down at the table by the window.
With fingers stained by young fruits,
he designs the first multi-stage rocket
in the world.

ZIDUL DE LUMINĂ

De ochiul păgân,
de mâna răzbunătoare
Te-au ascuns în zid

alături Ți-au pus
o candelă aprinsă.

dar Duhul Tău
zăvorât minții păcătoșilor
plutea peste Constantinopol
fericit
și fericind.

„După multă vreme, la deschiderea zidului, icoana Născătoarei de Dumnezeu
Hodighitria (Povățuitoarea) a fost aflată nestricată și candela ei, întocmai ca
în ziua în care fusese pecetluită în zid."

LIGHTWALL

To protect you from the pagan eye
they hid you in a wall

In front of you they lit
a votive candle.

Barred from the minds of sinners
your spirit floated over Constantinopol
joyful
and giving joy.

"After a very long time, the wall was opened, and the icon of She that Gave
Birth to the Lord, the Counselor, was found unharmed, and the candle
before it lit, just as it was on the day it had been sealed in the wall."

LILIANA URSU is a poet, prose writer, and translator, with eighteen books published in Romania. She has been translated into many languages, including three previous books in English. She lives in Bucharest, teaching courses in poetry and creative writing, producing occasional radio programs for România cultural, and writing. She has received two Fulbright grants and taught creative writing at the University of Louisville and at Bucknell University, in Lewisburg, Pennsylvania.

SEAN COTTER is the translator of several books from Romanian, including Liliana Ursu's *Goldsmith Market* (Zephyr Press, 2003). He is a professor of Literature and Translation Studies at The University of Texas at Dallas, where he is a part of the Center for Translation Studies.